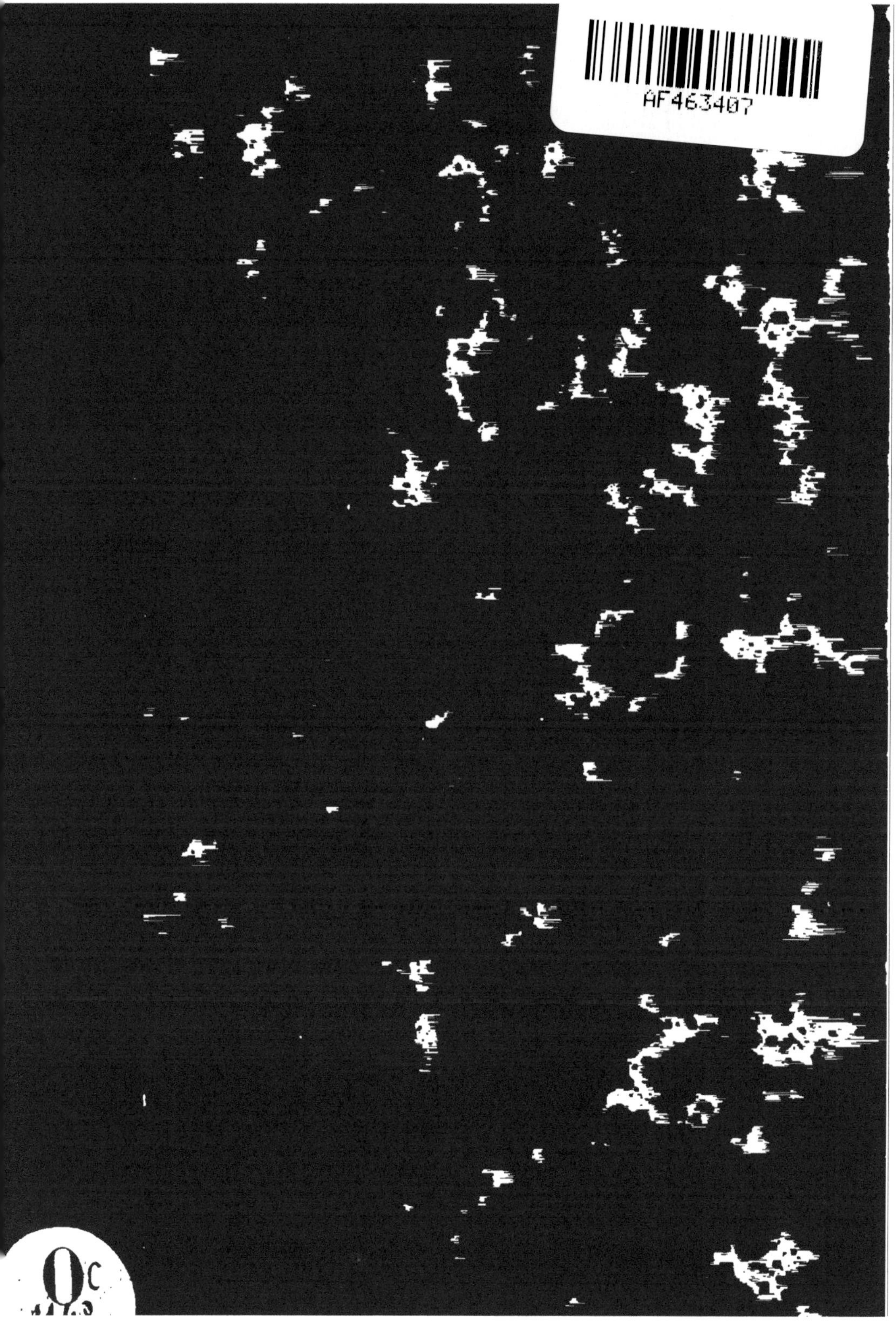

EXAMEN PHILOSOPHIQUE

SUR

LA GUERRE CIVILE

D'ESPAGNE

ET SUR LES CAUSES DE SA PROLONGATION,

Par J.-M. G.

PÉRIGUEUX,

IMPRIMERIE DE FAURE ET RASTOUIL,

RUE LIMOGEANNE, N° 22.

1838.

EXAMEN

PHILOSOPHIQUE.

AVANT-PROPOS.

Dans ce siècle de progrès et de calamités en même temps, quand la société marche vers l'émancipation de toutes les erreurs de l'opinion en lui disputant les droits les plus sacrés, l'homme doit exprimer ses idées avec franchise et entière liberté.

Je n'écris pas dans ce moment pour m'approprier le titre de publiciste; mais j'ai l'intention de présenter les choses sans partialité, en éloignant de moi toute ambition personnelle et tout ce qui pourrait avoir le moindre rapport avec la lumière factice qui sert à exagérer les écrits tachés de vénalité.

Ma sollicitude est de débrouiller le cahos où se sont jetés les partis qui convoitent le pouvoir en Espagne, sans obtenir d'autres résultats que la ruine de la nation, en donnant aux étrangers une idée fausse qui les porte à juger, sans justesse, du ressort qui fait mouvoir les élémens de la guerre civile. Ma mission m'exposera peut-être à la censure et au choc de la critique; mais néanmoins j'attaquerai les abus où je les trouverai, et je signalerai la vérité qu'on prétend éluder avec des imperfections et des sophismes.

Je me sens la force et la volonté d'en parler hautement, sans détour, et selon que l'exige la gravité de la question que je vais développer; rien ne pourra l'éviter; car ni des raisons privées ni des causes publiques ne donneront une autre direction à ma pensée. Je n'ai l'intention de froisser aucune opinion; mais quand même cela arriverait malgré moi, je conserverai toujours l'intégrité de mon libre arbitre.

Ainsi, ceux qui, par ignorance de ma position sociale, se sont plus à me représenter comme l'agent d'un parti ou comme capable de surprendre la confiante crédulité de *cer-*

taines opinions, auront le temps de se convaincre de leur absurdité.

Jamais je ne me suis soumis aveuglément à la dépendance des théories philanthropiques, très souvent exploitées par des hommes qui ont la prétention de guider l'opinion publique par leurs écrits, sans posséder aucune des vertus enseignées par la philosophie : car, en les examinant de près, on ne voit chez eux que le plus sordide intérêt, l'ambition la plus effrénée, suivie de tous les vices du despotisme, sans avoir la moindre qualité, recommandés aux autres par leurs doctrines. Mes idées sont aussi en opposition contre les appas d'un système de priviléges dont j'aurais pu jouir largement; et par cela même, j'ai toujours obéi à ma conviction, basée sur l'amour du bien-être général; avec cette conviction, arme puissante et irrésistible, mes principes seront invulnérables. Les inimitiés, l'ingratitude et l'égoïsme que j'ai souvent rencontrés devant moi, et les mystifications dégoûtantes que j'ai quelquefois à combattre ou à mépriser, ne m'empêcheront pas de montrer le nouveau chemin à suivre pour obtenir des résultats favorables au bien-être de ma patrie.

Si dans des crises semblables l'homme observateur se croit dans le droit de publier ses opinions, soit par habitude d'en parler, soit par l'effet d'une influence d'intérêt général ou privé, avec plus de raison ceux qui ont été victimes de leurs opinions et ceux qui ont souffert des persécutions sont dans une position avantageuse qui les autorise à produire l'expression de leurs sentimens en faveur de la cause commune et des intérêts réels de leur pays.

La question espagnole a été déjà traitée par plusieurs publicistes, mais jamais présentée sous son vrai point de vue. Par sa durée et par la prolongation de la guerre civile, cette question a donc cessé d'être une affaire indifférente ou de coterie. Cette lutte, nous devons l'envisager comme étrangère à tout esprit de parti et la suivre seulement sous le principe de nationalité et de patriotisme : dans ce cas, il nous faut établir et démontrer lequel des partis qui se disputent le pouvoir en Espagne s'approche davantage de *l'assentiment national*, lequel jouit le plus de l'influence morale et des droits de la souveraineté.

C'est ici que le publiciste doit observer la plus stricte impartialité, en présentant à l'opinion publique un tableau véritable et fidèle, sans que l'esprit de parti vienne dénaturer les faits, et sans que les passions viennent éluder, avec des sophismes, le fatal résultat du choc de ces factions poussées par l'empire du fanatisme ou par l'impulsion d'une fausse et infernale politique.

On pourrait m'objecter que j'écris sous l'influence de mon opinion; rien n'est plus vrai. Cette même influence m'a éloigné depuis long-temps du sol de ma patrie! Pour mon opinion j'ai souffert bien des malheurs et bien des persécutions, et, par cela même, j'ai eu le courage de supporter toutes les privations qu'entraîne un long exil. Mais aujourd'hui je suis neutre, et cette neutralité doit témoigner de mon impartialité et convaincre tout le monde que mes opinions politiques, qui ont toujours été dans le sens libéral, ne m'empêcheront jamais de m'attacher au parti qui, donnant des garanties à la civilisation et aux progrès, serait plus en harmonie au bien-être et à la prépondérance de mon pays.

EXAMEN

PHILOSOPHIQUE

SUR LA GUERRE CIVILE

D'ESPAGNE

ET SUR LES CAUSES DE SA PROLONGATION.

La guerre civile qui désole l'Espagne a tiré son origine d'une pure question de famille. Les concessions que la révolution a exigées du gouvernement de Christine ont été obtenues par la violence et sans d'autre résultat que la ruine pour la majorité de la nation, toujours l'instrument des passions de ceux qui la gouvernent en la livrant à la politique étrangère. Enfin, de cette lutte, purement personnelle, les circonstances ont créé une guerre de principes, et nous voyons aujourd'hui deux partis organisés et forts, quoique à la fois sans énergie ni puissance pour remporter une victoire décisive. Lequel de ces deux partis a-t-il été reconnu comme légitime et plus prépondérant ? Christine a proclamé sa cause *juste*, don Carlos l'a dite *sainte;* d'un côté nous ne voyons que la dictature militaire et le despotisme civil enveloppé sous le manteau de la liberté, la misère, la déprédation, le désordre dans les finances, la ruine de tous les intérêts du peuple, sacrifiés impunément à l'ambition, à l'égoïsme, à la perversité ou à l'ignorance ; une nombreuse armée décimée à chaque moment, et son existence compromise sans gloire par l'inertie la plus criminelle et par une politique fourbe et anti-nationale qui, sous des prétextes bien connus, temporise, attaque ou recule au prix du sang innocent et de généreuses victimes. Qu'on ne croie pas que malgré tant de changemens et de catastrophes, la révolution se soit accomplie en Espagne ; elle a seulement avorté par son discrédit ; car ses ennemis, qui l'ont dirigée et neutralisée, ont profité de ce qu'elle a produit de bon, et ses fautes ou ses erreurs, ils les ont incriminées au lieu de les réparer.

Nonobstant cela, cette révolution, quoique désorganisée et vicieuse, a servi de boulevart à Christine pour soutenir les droits de sa fille, bien ou mal établis : le drapeau de la régénération est en son pouvoir; et par ce fait, sa cause a donc cessé d'être une question de famille par la fusion des intérêts publics et privés.

En partant de ce principe, les prétentions de Christine sont justifiées, mais non les actes de son gouvernement. Je dis que ses prétentions sont justifiées, parce que je ne reconnais pas le principe du droit divin, système absurde et compatible avec le règne de l'ignorance et l'asservissement des nations. En repoussant ces maximes et en adoptant celles qui reconnaissent la souveraineté des peuples, il est facile de concevoir que le gouvernement de Madrid est dans la plénitude de ses droits, puisque la nation, représentée en Cortès, lui a accordé son adhésion. Mais ce gouvernement a-t-il accompli les exigences de sa mission nationale? Non, mille fois non! L'Espagne a été trompée dans ses espérances, réprimée dans son enthousiasme, et le pouvoir, au lieu de profiter des immenses sacrifices que la nation a faits pour détruire l'hydre de la guerre civile, l'a énervée avec un système fallacieux, et l'a démoralisée en permettant que la faction carliste se soit propagée dans toutes les provinces.

J'ai dit l'Espagne, parce que l'on ne croit pas que les idées libérales soient partagées par la minorité de la nation; au contraire, tout ce qui existe en Espagne d'illustré, c'est-à-dire la majorité de la haute noblesse, la haute bourgeoisie et même une grande partie du clergé, le commerce et enfin la classe intermédiaire sont les amis de la liberté et du progrès. Les petites exceptions sont nulles en politique; car s'il y a quelques fractions de la populace qui servent d'instrument aux partisans du fanatisme, on doit les considérer comme un torrent passager qui tôt ou tard se dissipe ou rentre dans son lit naturel, entraînant avec lui la honte de ses criminelles entreprises.

Mais si la cause libérale en Espagne jouit d'une telle influence, me dira-t-on, pourquoi n'a-t-elle pas déjà triomphé des armes du Prétendant? Comment le gouvernement de Christine, ayant pour lui les ressources de la majorité de la nation, la *protection de la quadruple alliance* et des armées régulières et nombreuses, n'a-t-il pas remporté une victoire décisive contre les légions carlistes, composées la plupart de volontaires sans instruction ni discipline militaire? Eh! faut-il être grand diplomate pour répondre à ces questions? Non certes. L'homme observateur, qui depuis la guerre civile d'Espagne a suivi constamment la marche du gouvernement de Madrid et la conduite de ses généraux, peut présenter à la publicité les causes réelles de cette impuissance morale et physique! Mais à mon tour je demanderai aussi quels sont les hommes qui ont gouverné depuis cinq ans les destinées de l'Espagne? Sont-ils de vrais patriotes, des hommes consciencieux, des ministres désintéressés, dévoués au bien-être de leur patrie plutôt qu'à la jouissance d'avides passions? Sont-ils des généraux jaloux du triomphe de leurs armes et détachés de l'ambition de vains titres acquis aux dépens du sang espagnol, vendu à la ruse, à la fourberie et à l'égoïsme de quelques cabinets intéressés à ce que l'Espagne soit dans un état de marasme? Oh! qu'on me réponde franchement, ou bien qu'il me soit permis d'épencher mon cœur en proclamant la vérité.

Si le gouvernement de Christine eût marché avec franchise et fermeté, sans être fasciné par l'outrecuidance des prétendus modérés qui ont voulu réédifier le nouvel édifice social sur de vieux fondemens, la guerre civile aurait disparu avec son premier symptôme : si les ministres d'Isabelle II n'eussent pas été à peu près les mêmes hommes qui tendirent le guet-àpens à notre liberté en 1823, ou des factieux sous le masque du libéralisme, la crédule Espagne aurait marché vers sa régénération malgré les entraves étrangères et les déceptions intérieures.

Je ne présenterai pas toutes les preuves dont je peux disposer pour justifier l'Espagne, qui jamais ne peut être solidaire de l'avilissement de ses gouvernans; mais je dirai seulement que si l'Espagne libérale n'a pas fait triompher son principe et anéanti les hordes fanatiques du Prétendant, c'est parce que les généraux qui ont commandé en chefs l'armée de Christine ont été de connivence avec les carlistes, afin d'obtenir une transaction favorable aux intérêts de la famille royale, même au détriment de l'honneur national et de la cause publique.

Cet aperçu rapide de l'état de nullité du gouvernement de Madrid, comparativement à l'influence qu'il devrait avoir, me conduira sensiblement à la démonstration impartiale des choses relatives à don Carlos et à son gouvernement. J'exposerai avec équité ce qui eût été avantageux à l'Espagne sous les auspices de la prétendue légitimité, si par bonheur elle eût été sous la protection d'un prince éclairé et instruit par l'expérience de tant de vicissitudes.

Si la monarchie doit exister en Espagne, il n'y a pas de doute que la succession à la couronne, selon le principe qui était établi, est le plus avantageux au repos et au bonheur des peuples. L'histoire des monarchies électives nous offre, à la mort de chaque prince, des guerres et des convulsions politiques, parce que la faction la plus forte, se disputant le pouvoir sous des prétextes bien ou mal fondés, détruisait l'ordre social et compromettait les intérêts généraux. Le système de succession, d'après la loi salique, ne peut pas usurper aux peuples les droits qu'ils ont à réclamer des institutions et des garanties analogues aux circonstances et aux besoins du siècle. Je crois que don Carlos, ayant saisi le pouvoir suprême après la mort de Ferdinand VII, se serait soumis aux conditions d'une réforme générale; car autrement il aurait vu son trône en ruine avant de l'avoir consolidé. De cela il serait résulté un avantage immense pour l'Espagne, 1° la non-existence de la guerre civile, et, dans son cas, elle se serait présentée sous un aspect plus facile à détruire; 2° nous n'aurions pas connu la création de nouveaux partis qui, sous différentes dénominations, tergiversent les opinions des libéraux aussi bien que celles des royalistes, sans d'autre résultat que celui de nous confondre dans une tour de Babel; 3° que les hommes ambitieux et sans conviction politique n'auraient pas profité de la crise de notre infirmité pour faire ou réparer leur fortune en sacrifiant la destinée de leur patrie à une politique étrangère à notre prospérité, et en faisant croire à l'Europe qu'une faction, sans autre force que celle que lui a accordée un gouvernement inerte et *pastelero*, est celle qui jouit de *l'assentiment populaire sur lequel il faut s'appuyer!!!*

Ce que j'ai dit dans les lignes précédentes relativement à don Carlos est problématique. Je touche ici au moment de présenter une illusion détruite, illusion qui a flatté de bons Espagnols jusqu'au moment où la cruelle expérience leur a démontré le contraire. Il y en a encore plusieurs qui se laissent bercer par de flatteuses espérances; mais d'autres et moi le premier nous les avons éloignées de notre pensée, étant convaincus par de puissantes raisons et des données positives de la nullité du Prétendant à la couronne d'Espagne et de son incompatibilité avec notre régénération attaquée par ses fanatiques entreprises. Je suis loin de vouloir établir un principe fondé sur mes seules paroles; d'abord, je me suis proposé de définir les causes d'après leurs effets, en produisant des preuves à l'appui de mon raisonnement.

Les antécédens d'un homme privé, et avec plus de raison ceux d'un prince qui aspire au pouvoir souverain, ont toujours été la base essentielle pour fixer la bonne ou la mauvaise opinion sur sa personne et prévoir sa conduite dans l'avenir. J'admets qu'il y a des circonstances où l'homme est contraint à se conduire en opposition à ses idées et aux impulsions de son cœur; mais l'homme public et celui qui aspire à gouverner la destinée d'une nation doivent se soumettre à un examen rigoureux; et si d'avance ils n'ont pas offert de garanties, il est évident que l'opinion publique doit en exiger, les obtenir; et au cas contraire, elle doit se soustraire à cette influence téméraire et nuisible qui peut compromettre le bien-être de la société.

On a dit qu'il était injuste de vouloir juger la politique du Prétendant avant qu'il soit sur le trône et dans un moment où il combat pour en obtenir la souveraineté, et quand il ne peut faire que la guerre ni ne se montrer ni agir comme roi. On soutient qu'il n'est pas équitable de lui nier qu'une fois sur le trône il protègerait *l'esprit de progrès, de travail, d'affranchissement et de raisonnement.* Je prouverai par les faits que je vais démontrer combien il est juste, naturel et conséquent de lui nier de telles propensions à la civilisation et aux progrès, parce que sans recourir à ses antécédens ni à ses idées politiques et religieuses, nous avons des preuves postérieures qui détruisent toute confiance à son égard, et qui font douter même s'il peut avoir des vertus comme homme privé.

La nature de la question et la force des circonstances me feront rétrograder à l'époque de Ferdinand VII, non pas pour troubler le silence de la tombe de ce roi ingrat et dénaturé, mais pour constater les faits et fixer avec solidité l'opinion publique, pour désabuser les crédules et démentir ceux qui, conduits par des intérêts privés, ont éludé la vérité en accordant des sentimens de progrès où il n'existe que superstition et despotisme.

Durant les dernières années du règne de Ferdinand, le parti furibond et fanatique, le même qui aujourd'hui dirige la politique de don Carlos, en se reposant sur les idées de ce prince, projeta de détrôner Ferdinand pour établir la théocratie. Leurs entreprises furent soutenues par le consentement tacite de don Carlos; son nom était le drapeau de ralliement, et la rébellion du général Bessières en 1825 fut convenue et décidée dans le palais royal; mais un régiment de cavalerie qui devait seconder le mouvement ayant manqué à son poste, le général Bessières, avec plusieurs officiers qui se réfugiaient en France, furent arrêtés et fusillés sur-le-champ. Leur supplice ne fut précédé d'aucune interrogation, parce qu'il en aurait résulté l'évidence des preuves que l'autorité de Ferdinand était menacée avec complicité de son frère Carlos. Cette réaction avait-elle pour objet de mettre l'Espagne sous l'influence du *progrès, du travail, de l'affranchissement et du raisonnement?* Non; elle marchait avec des principes bien opposés aux réformes de la civilisation, puisqu'on déplorait que le despotisme de Ferdinand ne fût pas assez lourd et sévère.

Quoique les premières tentatives de cette faction

eussent échoué, sa persistance ne fut pas moins chaude et active, et nous vîmes en 1827 et 1828, dans la Catalogne, un autre soulèvement, mais réprimé et dissipé par la présence de Ferdinand et par l'opposition de la majorité de la population catalane et du reste de l'Espagne, qui, alors comme aujourd'hui, était disposée à briser ses fers et l'opprobre de l'esclavage. Oui, qu'on ne vienne pas me soutenir que cette faction agissait isolée et sans l'assentiment de l'infant don Carlos, j'ai des preuves du contraire; mais je m'en réserve la publicité, parce qu'il pourrait en résulter la persécution de personnes qui sont en Espagne, et desquelles j'ignore la position.

Les bandes nombreuses qui se formèrent dans la Catalogne, sous le prétexte que Ferdinand ne marchait pas dans la plénitude de son pouvoir royal, prirent le nom d'*Agraviados*, et sous l'apparence de fidélité au roi, on attaquait le trône pour le remettre entre les mains de don Carlos. Dès l'origine, les chefs de cette faction s'étaient enfuis dans l'obscurité de quelques couvents, et, dans le silence du cloître, ils animèrent la discorde et le trouble en excitant les vengeances et la guerre civile.

Cette réaction fut le résultat d'un plan vaste et profond, combiné avec lenteur et préméditation, calculé et proposé à différentes reprises, et enfin mis à exécution avec la résolution la plus osée..... Ce fut l'ouvrage d'une conjuration sanguinaire et surtout implacable! On devait exercer des vengeances et en exiger des représailles. Une grande partie du clergé espagnol était à la tête de cette entreprise, et en mettant en mouvement avec ses richesses les masses inertes en apparence, mais toujours actives quand on les appelle à la distribution des trésors faciles à obtenir, on appuyait la rébellion en se servant de ces moyens d'attraction.

Ces bandes organisées parcoururent la Catalogne, proclamant la théocratie et la destruction totale des libéraux; mais Ferdinand VII, quoique préférant de cœur les rebelles, n'osait pas les soutenir, et ses troupes reçurent l'ordre de les poursuivre à outrance. Enfin une amnistie fut proclamée en leur faveur; mais comme la parole du roi fut violée dans différentes circonstances, les chefs de cette faction se réfugièrent dans les montagnes. Le sanguinaire comte d'Espagne, bourreau de la Catalogne, reçut la mission de les persécuter, et le sang des carlistes, *qu'aujourd'hui il défend*, coula pendant long-temps dans la ville de Taragone. Le Fort-Royal de cette ville fut nommé le *Chemin du Ciel*, parce que les *Agraviados* mouraient contents, pourvu que l'inquisition fût rétablie.

Ce sont les mêmes idées qui aujourd'hui prédominent sur l'autorité de don Carlos : alors, comme à présent, on comptait sur les concessions de son pouvoir une fois sur le trône d'Espagne. L'inquisition n'a pas abandonné l'espoir de se rétablir sous ses ruines encore fumantes de sang; mais la tradition qu'elle a laissé gravée dans la mémoire de notre génération n'est pas assez séduisante pour que les hommes succombent sous le poids infâme de ce tribunal impie, qui, mettant à profit la crédulité du peuple et les attributs de la religion, mentait à Dieu et outrageait l'humanité.

Cette indication que je viens de produire sur les antécédens politiques du Prétendant et sur les maximes de sa faction peut détruire suffisamment les assertions de ceux qui, ne tenant pas compte des faits de l'histoire, ont voulu présenter le carlisme d'Espagne comme le plus influent sur la majorité de la nation. Erreur complète, parce que dans aucune époque, et encore moins aujourd'hui, leur cause ne fut partagée par *l'assentiment national;* j'entends par assentiment national lorsqu'un principe a été adopté ou reçu par la partie saine et prévoyante qui forme la base d'une nation, et non pas par l'opinion incertaine et douteuse de la tourbe des vagabonds et des mercenaires qui, à toutes les époques et sous tous les climats, sont les instrumens des chefs de partis qui les acceptent ou leur facilitent les moyens de vivre aux dépens d'autrui, en autorisant les vols et la désolation.

Telle a été l'origine de ces hordes de vandales que nous voyons aujourd'hui dévaster les provinces ibériques au nom de la religion et de son roi légitime. Parmi ces nombreux chefs, à peine si on voit un ancien général connu par sa moralité et ses services antérieurs ; rien qui puisse inspirer la confiance ; rien qui puisse rapprocher les partis au temple de la concorde, parce que tout est l'emblême de l'absolutisme, de l'intolérance et du fanatisme, qui, en détruisant toute opinion raisonnable, se croient dans la possibilité de réédifier l'antique édifice social sur la ruine de tout le présent : sentiment aveugle qui conduit don Carlos sans prévision à la conquette d'une autorité illimitée et chimérique, et ses partisans à la jouissance de leur bien-être, appuyé sur la ruine des autres et sur des priviléges exclusifs : passions avides et haineuses qui ont inspiré la terreur à tous les hommes raisonnables du parti légitimiste, dont plusieurs ont fait cause commune avec la révolution par la conviction qu'ils ont que l'Espagne veut être libre, et que si en 1823 il y eut une restauration en faveur du despotisme, on la doit aux cent mille Français envoyés par la sainte-alliance pour soutenir les débris de l'armée de la foi, et à la défection des généraux Morillo et Labisval, secondée par la transaction de Ballesteros avec le duc d'Angoulême, qui énervèrent la nation dans son état de défensive, et abusèrent de sa crédulité avec des capitulations fictives et avec des pactes non moins trompeurs, dictés par la fourberie de Ferdinand VII.

On doit me permettre ici une digression nécessaire pour prouver évidemment que l'Espagne, conduite depuis 1812 par l'instinct et le sentiment du progrès, a lutté avec persévérance contre tous les obstacles du pouvoir absolu. Mais qu'on ne croie pas qu'en Espagne la civilisation puisse faire de grands progrès, si une impulsion purement nationale et non étrangère ne vient pas à l'aide, marchant en harmonie avec nos mœurs et notre indépendance.

Lorsque Napoléon, au détriment de sa moralité, envahissait l'Espagne, foulant aux pieds les droits sacrés d'une nation amie et alliée, toutes les sympathies qu'il avait trouvées parmi nous furent détruites. Tout ce qui provenait de lui était repoussé, et dès lors la liberté même qu'il nous offrit fut méconnue et méprisée, car Napoléon se rendit odieux à l'Espagne. Nous remarquerons ici la force de contradiction qui existe dans la nature humaine, et les Espagnols furent près d'en donner une preuve quand Napoléon supprima le tribunal de l'inquisition.

La nation le voulait ainsi; mais comme cette mesure provenait de son tyran, elle fut sur le point de réintégrer l'inquisiteur général dans ses fonctions. Heureusement que les libéraux de Cadix, étant supérieurs en nombre, l'inquisition fut anéantie depuis la promulgation de la constitution de 1812 : la liberté de la presse fut établie, et tous les droits vexatoires furent abolis avec les anciens restes du pouvoir absolu. Le nouveau code fut solennellement proclamé et reconnu; et lorsque la nation qui, sans chef ni lois fixes, soutenant la lutte contre le colosse de l'Europe, touchait au moment de sa dissolution sociale, ce fut alors qu'elle se releva plus forte et plus vigoureuse, et embrassa avec enthousiasme les nouvelles institutions qui la mettaient au rang des nations civilisées.

Les Espagnols, fiers de leurs sacrifices, s'attendaient à ce que Ferdinand VII, à son retour en Espagne, aurait ratifié tout ce qui avait une tendance intime au bien-être de son peuple : on sait quelle fut sa conduite lorsqu'il arriva en Espagne!!! Mais ce qui n'était pas connu, c'était sa volonté déterminée de rétablir l'inquisition. Elle avait été supprimée, non-seulement par l'effet des libertés que la constitution accordait à la nation, mais aussi les Cortès l'abolirent par un nouvel acte qui fut sanctionné à une immense majorité. L'enthousiasme général fut si véhément, que l'opinion publique démontra par elle-même combien l'Espagne était heureuse d'accorder son assentiment au code régénérateur!... Les ordres monacaux furent réformés dans cette mémorable session, et le nombre de moines ayant été réduit, les Cortès mirent des obstacles à l'admission des nouveaux cénobites. Les biens du clergé, diminués et appliqués aux besoins publics, affaiblirent les ressources des factions et soulagèrent la pénurie où se trouvait la nation, par suite d'une guerre désastreuse. Enfin la conduite du congrès fut celle d'une réunion d'hommes dévoués et jaloux du bien-être de leurs concitoyens et de l'honneur de sa patrie.

Mais tous ces bienfaits que la nation bien représentée s'était acquis avec spontanéité, furent détruits à la rentrée de Ferdinand VII en 1814. Il retourna avec les mêmes propensions qu'il avait à son départ pour Bayonne : sentimens stupides et pervers qui, aigris par les malheurs, ne lui firent écouter que ses vicieuses passions; et pour satisfaire ses vengeances au lieu de récompenser des services distingués, il lui fallait un tribunal de l'inquisition, et il l'établit par un de ses premiers actes au pouvoir souverain.

Rome avait aboli les tortures; mais les galères et les cachots étaient ouverts, et ils furent remplis de milliers de victimes, qui périrent dans des souterrains infects et dans les prisons que le fanatisme le plus odieux, uni à l'esprit de parti et à ses vengeances, transforma en cloaques infâmes!.. Les membres des Cortès et tous les hommes de mérite qui avaient servi l'Espagne et sauvé sa nationalité éprouvèrent les conséquences du despotisme le plus inoui, et la nation crut retomber dans un siècle d'ignorance et de barbarie.

Ferdinand VII, lorsqu'il passa la Bidassoa, en 1814, rendit hommage au code fondamental qui lui fut présenté par une députation nationale, présidée par le général Copons et l'archevêque de Tollède, et c'est sous la condition de l'observer qu'il fut admis sur le trône de ses ancêtres. En arrivant à Valence, il donna le mémorable décret du 4 mai, où il déclara, à la face de l'Europe, que sa volonté marcherait dorénavant avec celle de la nation; qu'il reconnaissait pour légitimes les institutions que l'Espagne s'était donné, et que, mettant d'accord les prérogatives du trône avec les intérêts et le bien-être public, ses vues paternelles se porteraient sur les infortunes à réparer et sur les blessures à cicatriser. Ce manifeste, comparé avec sa conduite postérieure, mettait en évidence la monstruosité de son âme, le machiavélisme de sa politique et la perfidie des hommes qui l'entouraient. Enfin, peu de temps après, la foi de sa parole fut démentie, l'Espagne fut méconnue et foulée dans sa légitime représentation, et la faction *Persa*, secondée par les baïonnettes que commandait le général Élio, mit dans les mains de Ferdinand un sceptre de fer, en plongeant la patrie dans un cahos d'ignominie et de servitude. Un cri de fureur se fit entendre d'un bout à l'autre de l'Espagne contre l'homme qui méconnaissait l'esprit du peuple qu'il aspirait à gouverner, et sa tyrannie fit partir de l'île de Léon, en 1820, l'étincelle électrique et libératrice qui éclaira l'horizon ibérique.

Quoi! le sang espagnol, versé pour la cause d'un prince ingrat, la fidélité de ce peuple héroïque et constant, et tant d'autres sacrifices devaient être faits en vain! Rien n'ouvrait les yeux de Ferdinand, frappés d'aveuglement comme ceux de tous les rois qui perdent leur pouvoir illimité !.. Il continuait à lancer ses effrayans décrets, et l'Espagne, voyant que ce prince était incapable de la gouverner, s'éloigna de lui, et l'édifice gothique sur lequel se reposaient ses stupides espérances s'écroula à la voix de la nation, qui cria *liberté!..* Ferdinand et les partisans de son gouvernement durent se convaincre que, dans le siècle actuel, le despotisme est impossible en Espagne. L'inquisition, réédifiée par son ordre, disparut une seconde fois et succomba sous le bras puissant du peuple; ses bûchers s'éteignirent pour toujours, et ses membres rentrèrent dans leur condition d'homme, forcés d'abdiquer leurs fonctions si affligeantes pour l'humanité. Ce même peuple, qu'aujourd'hui on calomnie de fanatique et de superstitieux, courait alors en masse vers les tribunaux du saint-office, ouvrait les portes et délivrait ainsi les malheureuses victimes. Les palais somptueux des inquisiteurs, les affreux cachots de l'inquisition, et tout ce qui avait du rapport avec cet infâme tribunal et avec son règne de sang et de terreur, fut enfin aboli pour le soulagement de l'Espagne.

Quoique la tyrannie de Ferdinand ployât pour la seconde fois devant la volonté populaire, quoique de nouveau il reconnût et prêtât serment à la constitution pour être encore une fois parjure, et malgré qu'il invitât les Espagnols à marcher dans la voie constitutionnelle, ses cris de détresse furent entendus par les partisans de son infernal pouvoir, et la sainte-alliance, dans le congrès de Laybach et Vérone, décréta la guerre contre les Cortès, sous le prétexe de modifier leur code; mais quels que fussont les vices de la constitution espagnole; elle était l'ouvrage de la nation, et par ce fait là, c'était à elle qu'appartenait le droit de réforme. L'intervention française de 1823 fut le résultat de la plus odieuse politique, puisqu'une nation voisine et sous le régime constitutionnel envahissait l'Espagne pour introniser le despotisme. Cette agression, qui porta atteinte aux droits sacrés des nations, justifie en quelque façon la guerre de Bonaparte, qui avait pour objet de régénérer l'Espagne et de la soustraire à la tutelle d'une dynastie qui a compromis notre repos et le bonheur public.

On me soutiendra cependant que la sécurité est à l'abri du trône et non dans des institutions tumultueuses qui agitent les citoyens sans les conduire au but qu'ils doivent atteindre. Oui, cela peut être possible, mais lorsque les trônes sont occupés par des princes éclairés et bien intentionnés. Consultons le passé, interrogeons l'histoire, et nous verrons combien ces exemples sont rares! Avant d'adopter le mensonge de la renommée qui a donné le nom de grand à quelques princes, il faut pénétrer dans les heureuses circonstances où ils se sont trouvés et étudier les hommes de génie qui les ont servis. Sortez de là, et vous ne trouverez chez les rois que des hommes médiocres, rapetissant tout à leur taille! puissans sans idées, pâles fantômes d'une pensée grandiose!.. Que trouverons-nous au fond de cette alliance de rois contre la liberté des peuples? Des existences flétries, des vices et des crimes, et rien qui vienne nous donner une idée sublime, un sentiment de respect, ni qui puisse nous faire oublier les souillures de leurs âmes; pas l'ombre d'une pensée généreuse pour voiler des infamies! pas un sentiment de justice et de dévouement!... un égoïsme impie..... car tous ces trônes sont dégoûtans de meurtres et souillés par des incestes et les crimes les plus odieux!....

Si nous jetons un regard sur l'époque antérieure à celle de Ferdinand, nous trouverons aussi que les maux, qui aujourd'hui tourmentent l'Espagne, sont la conséquence naturelle des vices des gouvernemens qui ont existé dans les siècles passés. La puissance de l'empereur Charles V, la tyrannie colossale de Philippe II, marchant à la fois avec la théocratie et l'intolérance religieuse, ne prévient pas en faveur des monarchies despotiques. Toutes les nations, quels que fussent les défauts de leur organisation sociale, ont partagé des jours de gloire et de prépondérance. L'Espagne, sous les monarques mentionnés, était à la tête des puissances européennes; mais néanmoins le peuple était esclave, asservi et l'instrument aveugle de l'ambition de ses maîtres. Une fois que ceux-là furent attaqués aux flancs par la coalition ennemie, lorsqu'ils succombèrent, la nation retomba dans la décadence, parce que, ne connaissant pas ses droits et n'ayant aucune représentation réelle dans les affaires de l'état, elle ne pouvait ni se montrer partie active ni défendre ses intérêts les plus sacrés.

Pour lors, le fanatisme, profitant de la superstition du peuple, leva son horrible front, et, par suite de la confusion et de l'ignorance, conserva son empire et la jouissance de ses biens; la jurisprudence, vendue à ce même fanatisme, publia sa science bâtarde en la faisant passer comme légitime et éclairée; et l'homme philosophe et sensible regardait avec les larmes aux yeux la vérité méprisée, foulée aux pieds et abattue sur les misérables restes de son trône! Le savant magistrat, véritablement patriote et soutien infatigable de ses devoirs, cherchait en vain à se faire entendre, afin d'exterminer, par son influence, le fanatisme et la cause fatale de tant de maux, motivés par l'exécrable oubli des droits les plus sacrés, lorsque l'imposture faisait triompher avec effronterie l'ignorance et l'erreur!.....

« Le devoir de citoyen (disait un magistrat *, » homme d'état et ministre de Charles III) me porte » à désirer le bien-être de la nation, à considérer » son état actuel en envestiguant les causes qui pro- » duisent ses malheurs. Comme magistrat, je ne » puis abandonner le bonheur général, dissimuler » sur les abus qui empêchent son développement, » ni cesser de réclamer contre eux la protection des » lois; et quand quelques-unes de ces lois sont sans » usage ou dans l'oubli, je dois proposer leur réhabi-

* Le comte de Campomanes.

» litation, pour les faire observer ou pour les amélio-
» rer. Il risque beaucoup celui qui ose combattre
» les désordres que l'intérêt du petit nombre fait cou-
» vrir sous le voile de la religion ; mais il n'y a pas de
» religion à obscurcir la vérité ni à laisser périr la
» république par la terreur panique de l'ostracisme
» ou par la censure de quelques membres gangrénés
» de la société. »

En effet, l'immense acquisition des biens du clergé, sous de prétendues donations et d'autres forfaits, devint insupportable. Le zèle de certaines âmes dévotes, avec indiscrétion, soumettait à des principes religieux les droits légitimes des familles, en les dépouillant, avec d'injustes libéralités, de leurs moyens d'existence, faisant réunir d'énormes masses de biens dans ces *corps immortels*, et arrêtant ainsi la circulation des fortunes. Cet abus s'était propagé avec rapidité ; ses dangereux effets se firent sentir, et malgré que la législation eût prêté son concours pour arrêter ce torrent impétueux qui dévastait le royaume, le mal était invétéré ; il avait pénétré dans le fond du cœur des hommes, il leur était difficile de se défaire de cet ennemi, qui les anéantissait, parce qu'ils croyaient que c'était le seul remède qui pouvait guérir leurs maux, et le puissant médiateur pour leur félicité éternelle.

Le fanatisme et l'ambition des prêtres avaient éloigné d'eux les principes si constatés par la plus haute antiquité, que l'église est pauvre dès son origine, ennemie du faste et de l'ostentation, et redevable de ses richesses aux donations qui lui ont été faites par les puissances séculières. Loin de cela, l'enthousiasme fut porté à la plus excessive violence, et des maximes les plus opposées à l'évangile furent proclamées comme inviolables et certaines. On regardait comme une exécration digne du feu éternel celle de détourner les fidèles de donner aux églises, et la voix puissante de quelques princes, qui déclamèrent contre des acquisitions aussi démesurées, était réputée un cri sacrilège.

Au milieu de tous ces désordres, lorsque les idées les plus saines sur le gouvernement ecclésiastique et sur sa tête visible étaient fugitives et méprisées, lorsqu'il était appelé *canoniste* celui qui avait lu les *décrétales* et leurs serviles commentaires; quand les droits les plus sacrés des nations étaient un être chimérique et scandaleux; lorsque les lois espagnoles étaient interprêtées par celles de Justinien et par les apocryphes *décrétales*, ce fut alors cependant que s'éleva en Espagne la voix d'un homme d'état déjà cité qui étonna l'Europe, en signalant, dans un ouvrage *, les folles prétentions de la cour de Rome et l'insolence du clergé. Cet ouvrage, qui renferme avec science des détails les mieux raisonnés, qui développe les droits canoniques tels qu'on doit les comprendre, en fixant des limites à l'ambition papale et aux exigences des prêtres, qui démontre la subor-

* *Le Jugement impartial.*

dination que doivent les ecclésiastiques à leur souverain temporel et les bornes que doit avoir l'autorité de l'église, l'inviolable indépendance de ceux qui sont à la tête des nations, l'abus épouvantable de la censure ecclésiastique, et l'injustice avec laquelle la cour de Rome prétendait à la souveraineté des nations; cet ouvrage enfin, où fut mise en évidence l'origine des nuisibles vicissitudes de la discipline et les droits qu'ont les états à résister à Rome lorsqu'elle porte atteinte aux *régalies*, fut écrit jadis avec la plus vaste érudition, et les vérités qu'il démontra déclarèrent la guerre au fanatisme, à son sordide intérêt et à la vile imposture. L'Europe civilisée admira le génie de l'homme qui sut affronter les dangers de la superstition; mais la perversité et la médisance l'appelèrent un ouvrage inutile, un misérable plaidoyer d'un manuscrit rouillé par le temps, rempli de maximes dures, violentes et peu respectueuses pour l'église, qui depuis long-temps avait pratiqué le contraire.

Ainsi, la superstition et le despotisme, toujours en lutte contre les lumières, ont retenu l'Espagne depuis trois siècles dans l'esclavage et l'abjection, et l'ont mise en arrière des autres nations, qui, pendant les deux derniers siècles, ont acquis un haut degré de civilisation. Toujours entraînée dans de sanglantes vicissitudes par l'ambition ou l'égoïsme de ses rois, la nation n'a pu marcher en ligne avec les peuples éclairés, pour profiter des lumières que répandirent, dans les dix-septième et dix-huitième siècles, quelques génies extraordinaires, lorsqu'ils démontrèrent des idées tout-à-fait nouvelles qui firent l'étonnement de leur époque, et qui mériteront les suffrages des générations à venir. Oui, lorsque le dix-septième siècle vit s'opérer la grande révolution des lettres, lorsqu'on entendit pour la première fois les noms respectacles d'une foule d'hommes célèbres, lorsque la véritable métaphysique, admirable conductrice de la lumière à la vérité, avait un Gassendo, un Locke, un Bayle, un Malebranche, qui frayèrent à la pensée humaine un nouveau chemin de triomphe et de gloire; lorsqu'enfin la poésie et l'éloquence, la logique, la philosophie et toutes les sciences combinèrent à la fois le terme de leur perfectionnement, et lorsque tant de prodiges se réunirent pour porter sur l'Europe d'immenses bienfaits, alors, et au milieu de tant de lumières, l'Espagne, dans sa décadence, soumise dans l'ignorance et entourée des plus effrayantes ténèbres, ne put présenter de modèles approchans de ceux des autres nations. Ses lumières ne firent presque pas d'éclat; elles ne furent pas cultivées, et la nation ne présentait qu'un tableau désagréable pour l'Europe civilisée.

Cette calamité continua pour l'Espagne dans le dix-huitième siècle, et malgré qu'au commencement de celui-ci parurent quelques hommes à talens; il leur en coûta bien des sacrifices pour se soustraire aux malheurs de la multitude, et ne purent jouir que de l'estime d'un petit nombre. En jetant un regard sur ces jours néfastes, qui par bonheur ne sont plus, je ne vois que le vain scholasticisme, tyrannisant les universités et l'exil de toutes les connaissances utiles qui arrêtèrent les progrès de la civilisation. Ici l'erreur, là le fanatisme, plus loin le despotisme, qui avaient enchaîné le génie espagnol, en l'amusant constamment avec de méprisables et pernicieuses théories; qui régnaient dans la tribune aussi bien que sur la chaire; qui couvraient avec un voile mystérieux et sacré l'inutilité et l'horreur de leurs principes; qui élevaient partout leur voix effrayante, et qui fermaient la bouche à la raison et à la vérité.

Voilà comment l'Espagne a été entravée dans la marche de sa régénération depuis Philippe II jusqu'au commencement du dix-neuvième siècle, époque où les Espagnols commencèrent à s'affranchir des erreurs de l'opinion. Les efforts que fit la nation sous Ferdinand VII pour s'affranchir du pouvoir despotique et de la superstition, et la résistance qu'elle oppose encore aujourd'hui au pouvoir absolu, représenté par don Carlos, prétendant à la couronne d'Espagne, sont un témoignage irrécusable de ce que les hommes ont compris leurs droits et conçu de l'horreur pour l'ignorance et le barbarisme.

Passons maintenant à l'examen rapide des faits les plus récens et à l'analyse de la position de don Carlos vis-à-vis de l'Espagne. Voyons ses tendances et la possibilité qu'il a eue pour éloigner de lui toute apparence d'un système usé et sans prestige. J'examinerai l'organisation de son gouvernement, la marche de son administration et l'impulsion morale, prédominante et certaine de son autorité. Une fois la vérité démontrée, on verra, sans l'aide du microscope, le tissus d'intrigues et la dissolution de tout régime régulier et conforme, soit à l'état social, soit à l'observation des lois établies dans le cercle vicieux qu'embrasse son pouvoir. Nous verrons que les maximes de tolérance, de civilisation, de raisonnement, et tant d'autres vertus que les apologistes du Prétendant se sont obstinés à lui accorder, seront démenties par l'évidence des faits, et que sa politique tortueuse et sauvage ne lui a pas été imposée par la loi de la nécessité, et que la prépondérance qu'exerce la tourbe des courtisans fanatiques qui l'entourent est la conséquence naturelle des sympathies du prince et de son intime et profonde conviction.

On sait qu'à la mort de Ferdinand, la faction monacale, ennemie de toute innovation, leva l'étendard de la rébellion contre le gouvernement de Christine, qui s'était annoncé avec l'intention d'exercer un despotisme *illustrado*. Les provinces du nord donnèrent le signal d'alarme; *Santos Ladron*, et puis Zumala-Carregui, dirigèrent l'opinion de ces hommes, enthousiastes de leurs *fueros* et privilèges; et voyant menacer leur petite république (car ils jouissent de libertés exagérées), ils proclamèrent Charles V pour roi comme la seule garantie de leur indépendance. Un autre prince aurait profité de l'enthousiasme et des sacrifices de ces montagnards, en appuyant sa cause sur des principes plus clairs et plus raisonnables. C'est une erreur de vouloir persuader que don Carlos, lorsqu'il arriva dans les provinces, fut entravé dans la marche qui aurait annoncé pour l'avenir un système de progrès; mais quand même on pourrait admettre cet axiome, sa conduite postérieure prouve évidemment son opposition à tout système libéral.

Il ne suffit pas de se renfermer dans ce dire vulgaire que les Espagnols sont superstitieux et fidèles à leur Roi. La Catalogne, la première à donner le signal de la rébellion, a toujours présenté des symptômes de républicanisme et d'indépendance. Et quelle opinion pourrait-on se former des provinces basques, où se trouve aujourd'hui le Prétendant à la couronne d'Espagne? Ces provinces, avant les dernières révolutions qui ont agité l'Espagne, pouvaient être considérées comme étrangères, parce qu'elles ont toujours été gouvernées par une constitution particulière et incompatible avec les principes d'une monarchie absolue. Les sommes que ces provinces fournissaient au gouvernement de Madrid n'étaient pas considérées comme des impositions, mais bien comme des donations gratuites. Le commerce est libre, les douanes ne sont pas connues, et on ne les paie qu'à Miranda-de-l'Ebre, dans la Vieille-Castille. Les Basques ont tellement conservé ces sentimens d'indépendance, qu'ils ont toujours été sur le point de se révolter lorsque le gouvernement de Charles IV a voulu établir des impositions forcées.

Ces trois provinces ont formé une alliance dans leur intérêt commun, et leur langage et leurs mœurs sont en contraste avec le reste de l'Espagne. Leur constitution leur fut accordée sous le règne de Ferdinand-le-Catholique, et chaque province a son gouvernement à part, qui ne se réunit que lorsque l'intérêt commun l'exige ; et la volonté du Roi, quand il demandait des contributions ou quelqu'autre sacrifice, ne s'accomplissait pas sans que l'administration eût accordée son assentiment. Chose incohérente! d'avoir vu, dans une monarchie absolue comme a été celle d'Espagne, trois cent mille âmes se gouverner avec les élémens d'un gouvernement démocratique, quand le reste de la nation gémissait sous le poids du despotisme! Telle est l'influence qu'ont sur l'esprit humain les anciennes erreurs et le respect accordé aux lois et aux privilèges imposés au peuple par des actes arbitraires du pouvoir illimité des Rois, sous le règne de l'ignorance!

J'ai touché cette question pour prouver que si les provinces basques ont fait cause commune avec don Carlos, cela n'a pas été à cause de l'adhésion qu'elles ont pour le Prince ni par amour pour la légitimité. Les Basques, jaloux de leur liberté et de leurs privilèges, se souviennent que leurs montagnes ont été inaccessibles aux légions romaines et aux cohortes arabes, et que les Rois catholiques leur accordèrent une constitution qui, aujourd'hui, se trouve en discordance avec l'organisation sociale du reste de l'Espagne. Ils défendent un Roi absolu, parce que celui-ci a garanti leur indépendance, d'où il est résulté un bien momentané; mais je suis sûr que les provinces ne feront le sacrifice d'aucun de leurs privilèges pour mettre don Carlos sur le trône de saint Ferdinand. J'espère, et peut-être le moment n'est pas loin, que, par un revirement de fortune, les choses, en prenant une autre direction que l'on ne peut prévoir dans les révolutions, le Prétendant sera abandonné et repoussé par ceux même qui combattent sous son drapeau. Ainsi, ceux qui croient que les provinces ont pris les armes pour défendre ce Prince sont dans une grande erreur. Ses partisans sont les moines, et sa conduite prouve combien il est au-dessous de sa mission et combien il connaît peu le peuple qu'il aspire à gouverner: car, au lieu de s'annoncer comme un père indulgent et bon, il se présente sous l'aspect d'un tyran, ennemi de toute réconciliation et de toute réforme.

Je n'épargnerai rien de ce qui pourra servir de preuve à mon raisonnement. La devise d'impartialité que j'ai adoptée me conduit à justifier mon opinion de toute tendance à la haine et à l'esprit de parti.

Par le contenu de l'arrêté que je vais transcrire ici, publié par ordre de don Carlos en septembre 1835, on peut se faire une opinion sur ses idées et sur la barbarie de ses projets.

ARRÊTÉ.

« En conséquence des mauvais résultats qui peu-
» vent provenir des réunions qui, avec scandale et
» de graves préjudices au Roi notre maître, ont lieu
» sur différens points de cet arrondissement, j'ai tenu
» pour opportun, selon l'usage des facultés qui m'ont
» été accordées, d'ordonner ce qui suit :

Art. 1er. « A toutes les personnes de quelques
» conditions qu'elles soient, que par de justes motifs
» on considère comme ayant une opinion contraire,
» il est défendu de se trouver en compagnie de per-
» sonnes de la même opinion, ni le jour, ni la nuit,
» lorsqu'elles dépasseraient le nombre de deux. Les
» personnes en contravention à cet article seront
» punies avec la plus grande rigueur.

Art. 2. « Toute personne de ladite opinion qui, à
» sept heures et un quart du soir, se trouverait dans

» la rue hors de chez elle, serait arrêtée et conduite » dans un corps-de-garde, jusqu'à ce que je puisse » en disposer convenablement.

» Art. 3. Tous ceux qui liront le présent arrêté et » se rendront d'un point fortifié à l'étranger, seront » mis à l'amende; mais s'ils sont porteurs de papiers » subversifs ou de messages par paroles, ils seront » *passés par les armes sans exception d'âge ni de sexe.*

» Pedro Llanos.

» Elizondo, 11 septembre 1835. »

Cette pièce est le type de tout ce que la tyrannie peut enfanter de cruel et de barbare. Dans quel temps les excès révolutionnaires ont-ils foulé aux pieds avec tant de hardiesse les droits de l'humanité? Est-il possible que ni l'âge ni le sexe ne puissent se dérober à une mesure aussi absurde que sauvage! Comment! un homme décrépit, un enfant, seront-ils fusillés s'ils sont surpris avec une parole de consolation pour un fils, un père ou un frère! Quels sont les instrumens que don Carlos emploie comme les interprètes de sa volonté? Quels seraient ses ministres s'il était un jour dans la plénitude de son pouvoir!...... Ils seraient les mêmes qu'aujourd'hui; on le dit: *Sire, nous voudrions qu'au lieu d'aller à Madrid à cheval, Votre Majesté puisse être transportée dans un bateau sur des flots de sang des hérétiques libéraux!* Et le Prince souriait à cette monstrueuse idée ! et il se plaît sous l'influence de ces hommes tigres qui feraient horreur aux anthropophages ! De cela on peut déduire sa pensée, qui représente Philippe II sans ses talens ni sa puissance, mais avec toute sa cruauté, son esprit de fanatisme, et enfin l'image de l'homme inepte et pervers, sans aucune des qualités qui enveloppent quelquefois les excès de la tyrannie.

La force motrice qui soutient don Carlos dans les provinces n'est pas l'esprit d'absolutisme. Ceux qui combattent avec obstination pour leurs *fueros* et priviléges n'ont pu s'opposer à ce que le reste de l'Espagne jouît aussi d'une liberté et des prérogatives d'après son organisation sociale. Les hommes qui, depuis Zumala-Carregui, ont commandé la force matérielle et prédominé moralement sur l'opinion des Basques, ne sont pas des hommes ignorans et fanatiques ; ils aiment les progrès, mais sous les auspices d'un roi légitime, et surtout sous celui d'un pouvoir qui respecte leur liberté et leur forme de gouvernement. Ces hommes ne se seraient pas opposés à ce que don Carlos adoptât un système progressif ; ils l'auraient secondé par leur influence et par tous les moyens qui ont été en leur pouvoir, et pour lors, la guerre civile eût disparu par l'effet d'une fusion de partis et par l'alliance de toutes les opinions.

Celui qui connaît les élémens réels et positifs desquels don Carlos a pu disposer pour accomplir une si noble entreprise et qui sait qu'au lieu de s'en servir il les a méprisés, doit se convaincre de la nullité de ce prince, de son obstination à suivre ses idées rétrogrades, et enfin de ce que jamais, quelle que soit sa position, ses sentimens ne changeront pas plus que sa politique ni ses influences religieuses. A peine si Zumala-Carregui pouvait réprimer, malgré sa prépondérance, les intrigues de la tourbe insidieuse et fanatique qui a toujours entouré la personne du Prétendant. Combien de fois cet infortuné général, voyant ses plans de guerre ou d'administration arrêtés par la rivalité de la *camarilla*, conçut-il l'idée de les fusiller.... Le seul *décorum* qu'il devait au prince et le discrédit qui aurait retombé sur sa personne, l'arrêtèrent dans sa résolution de punir la perversité et le fanatisme de ces hommes, qui depuis l'ont assassiné * pour s'affranchir de sa tutelle, qui les réprimait dans leur stupide système.

D'autres chefs remplacèrent le héros navarrais; et malgré leurs faits d'armes et leurs services rendus,

* On sait que le chirurgien Gelos, envoyé du quartier royal pour panser Zumala-Carregui, empoisonna sa blessure, et qu'il mourut trois ou quatre heures après.

nous les voyons aujourd'hui disgraciés et confinés dans des forteresses, attaqués dans leur honneur, réprimés dans leur défense pour la justification de leur conduite, et, sans les circonstances qui les ont fovorisés et sans l'opinion publique qui les chérit, ils auraient été victimes de la plus odieuse coterie. Mais si don Carlos a la force et le caractère pour repousser les hommes et les choses qui lui ont donné la prépondérance et l'ont maintenu dans ses chimériques prétentions, si tout ce qui a une tendance directe à tout autre système que le sien et celui qui commande dans le quartier royal est combattu et persécuté, il est évident que c'est sa volonté, et qu'il n'a pas été contraint à marcher sous l'influence du parti fanatique et furibond. Tout le monde est convaincu de cette vérité, et parmi le nombre de ses serviteurs, il y en a beaucoup qui, contre leurs convictions, continuent à faire des sacrifices, parce qu'une fois leur honneur compromis, ils sont dans l'impossibilité d'abandonner cette cause; ils savent combien il est difficile d'apercevoir un autre horizon qui puisse annoncer le port du salut en les conduisant au temple de la justice et de la concorde; ils prévoient l'inutilité de leurs sacrifices et le triste dénouement de ce drame impossible à éviter, si l'on n'emploie pas la violence en désabusant la crédulité des masses, qui ignorent l'origine de cette léthargie.

EXPÉDITION CARLISTE SUR LA CASTILLE

en 1837.

PREUVES IRRÉFRAGABLES.

Les causes qui décidèrent l'expédition carliste sur la Castille et celles qui la contraignirent à rétrograder ne sont connues que d'un petit nombre de personnes. J'ai des notions intimes et positives des motifs qui mirent don Carlos dans le cas de se lancer dans l'intérieur de l'Espagne dans un moment peu favorable, sans plan combiné, et lorsque la pénurie de son trésor tenait son armée dans un état de dénûment et dépourvue du stricte nécessaire pour une semblable entreprise. Ces données, acquises avec véracité, me mettent sur les traces du nœud gordien qui a paralysé les progrès du Prétendant et prolongé la guerre civile en Espagne. Je suivrai l'expédition dans quelques-uns de ses mouvemens et dans ses impressions morales, et après on ne pourra pas me soutenir que don Carlos a été contraint à suivre les conseils et la direction des fanatiques qui l'entourent; car il a eu des élémens qui l'ont favorisé pour agir autrement.

Le général Zumala-Carregui fut remplacé par Moreno, aussi ignorant général qu'habile pour les assassinats et les délations. Dans la première action qu'il commanda contre les christinos, il prouva combien son bras était incapable de brandir l'épée du héros navarrais, et ses troupes furent dispersées dans l'affaire de Mendigorria. Leurs pertes ne furent pas considérables; car le général Cordova, qui commandait l'armée de Christine, sut neutraliser sa victoire par l'inaction la plus coupable. Les carlistes, selon les positions qu'ils occupèrent dans cette journée, n'avaient d'autre alternative que de vaincre ou de périr; mais Cordova se contenta d'attaquer leur position avec quelques coups de fusil tirés de loin, et permit aux ennemis d'opérer leur retraite par une longue marche de flanc. Ainsi, les christinos restèrent paisibles spectateurs pendant que les carlistes défilèrent devant leur front, et la nation fut pitoyablement trahie par un général qui aurait dû profiter des immenses avantages et de l'état de démoralisation des ennemis, qui durent forcément être détruits ou faits prisonniers. Cette bataille ayant été décisive, devait mettre un terme à la guerre civile et aux prétentions de don Carlos, qui aurait dû être pris au passage du pont de Mendigorria. Cette journée, exemple d'ignorance militaire ou d'agiotage politique, sera inscrite avec des lettres de sang dans les annales de notre guerre civile, pour qu'un jour de justice elle soit le premier chef d'accusation contre un général qui, foulant aux pieds sa dignité, l'honneur de son armée et la confiance de sa patrie, a prolongé les maux de la guerre civile et presque rendu probable le triomphe du fanatisme.

Don Carlos, une fois remis de sa frayeur, reconnut la mauvaise élection qu'il fit dans le général Moreno; mais cet homme lui était nécessaire, parce que sa politique voulait des êtres qui, étant inaccessibles à tout sentiment d'humanité et d'honneur, pussent servir d'instrumens à la terreur, obéir aveuglément à sa volonté, et flatter comme de vils esclaves. Ainsi, Moreno ne fut pas maintenu comme chef de l'armée : ce commandement fut confié à l'infant don Sébastien, et l'on nomma Moreno chef d'état-major-général. Don Carlos lui avait-il confié cet emploi difficile en raison de ses talens stratégiques et de son avilité pour les opérations de l'armée et pour son organisation? Non, sans doute. Le Prétendant n'ignorait pas qu'il existait dans l'armée un germe de mécontentement, et que, parmi les hommes influens, il y avait tendance et volonté à repousser son système absurde, fils de l'influence qu'exercent sur lui Arias-Texeiro, le père Domingo, le chirurgien Gelos, et enfin toute la tourbe frénétique qui l'entoure.

Soit vérité ou supposition, il résulta de la surveillance du général Moreno qu'un plan avec des ramifications assez étendues était prêt à éclater, ayant pour but de déclarer don Carlos nul pour le pouvoir suprême, et de proclamer l'infant don Sébastien roi constitutionnel. Le tout peut être problématique; mais ce qui est bien évident et certain, c'est que les hommes raisonnables qui existent ou ont séjourné dans les provinces voulaient mettre un terme à la guerre civile par le moyen d'une fusion d'intérêts de partis qui aurait réconcilié tous les Espagnols. Le Prétendant fut informé de cette combinaison, et, en faisant concentrer toutes ses forces sur Estella, il abandonna la ligne de Saint-Sébastien, et pour lors l'armée d'Espartero l'occupa, en s'emparant des places de Fontarabie, Yrun et Hernani.

Quoique l'armée carliste fût privée des effets de campagne, don Carlos décida l'expédition sur la Castille, en abusant l'esprit du soldat par un manifeste où il promettait son triomphe et assurait que le reste de l'Espagne l'attendait avec anxiété pour le conduire victorieux vers le trône de ses ancêtres. Si, comme je n'en doute pas, il y avait quelque connivence pour annuler l'autorité du Prétendant ou la soumettre à un système plus raisonnable, elle fut neutralisée par le départ de l'armée carliste, qui entraîna avec elle tous les chefs influens et paralysa dans les provinces toute action hostile.

Maintenant, nous suivrons le dénouement de cette expédition, enfantée par la force des circonstances et par l'opposition du Prétendant contre tout système de transaction ou de tolérance.

L'armée marchait, comme je l'ai déjà dit, dépourvue de ressources, et la terreur qui inspira à don Carlos l'idée de la moindre innovation, le poussa à une entreprise imprudente qui devait compromettre ses forces, abandonnées par l'artillerie, qui ne put pas les suivre. L'action de Balvastro et Huesca pouvait le convaincre que son armée, quoique exténuée par la fatigue et les privations, conservait encore le sentiment de fidélité, et que ses chefs, qui étaient en opposition avec sa politique, espéraient, hors de la trahison, une époque favorable pour se prononcer et mieux conseiller leur Roi. Vaine espérance ! illusion chimérique, qui a prolongé les maux de la guerre civile et réduit toutes les capacités à un état de nullité complète, en abandonnant le camp à la tourbe fanatique et pernicieuse !

Je ne suivrai l'expédition que dans ce qui pourrait venir à l'appui de ma question, afin de prouver évidemment que don Carlos a toujours éloigné et combattu les élémens qui pouvaient le conduire à son triomphe, sous des conditions raisonnables.

Tout le monde sait que la division du général Zaratiegui marchait à pas de géant jusqu'aux environs de Madrid ; que ses progrès et le bon accueil que lui accordait la population de la Castille furent la conséquence naturelle de sa politique modérée et tolérante, qui présageait au Prétendant un triomphe certain. Les habitans de Madrid crurent que don Carlos présenterait à la fois la protestation contre l'usurpation faite à son pouvoir et le programme des institutions qu'il pensait offrir à la nation : on crut que ce petit-fils d'Henri IV aurait observé la politique de son aïeul, qui gagna Paris au moyen des concessions faites à la volonté du peuple et par le sacrifice de ses préjugés.

Chose étrange! cette même force qui conduisait don Carlos presque victorieux vers la capitale de l'Espagne, ces mêmes hommes qui lui donnaient de l'influence en mettant sa nullité à couvert, et qu'il redoutait à cause de leurs principes de transaction, furent ceux qui, étant dans la ville d'Arganda, lui firent comprendre combien il était nécessaire qu'il se prononçât sur la forme de gouvernement qu'il croyait donner à l'Espagne, parce que les populations demandaient des garanties avant de se prononcer en sa faveur. Don Carlos repoussa cette proposition comme contraire à ses droits de Roi absolu, et, en la qualifiant de criminelle, il se livra plus que jamais au penchant de son cœur et à l'influence du général Moreno et d'autres satellites. Il perdit l'occasion de mettre un terme à la guerre civile en embrassant une alliance ou une transaction plus facile et plus honorable pour tous les partis que celle qu'offrirent les circonstances favorables de 1836, après le soulèvement de la Granja. L'état-major-général fut découragé et prévit aussitôt que tout arrangement était impossible, et que les sacrifices passés et les avantages acquis seraient sans fruit et sans d'autres résultats que la ruine totale de toute l'armée royale, démoralisée et abattue.

L'opinion publique, déjà informée des intentions du Prétendant, repoussa l'expédition; et les bataillons qui l'avaient suivi avec enthousiasme et fidélité se dispersèrent en rétrogradant sur Aranda-de-Duero, et proclamèrent la mort du général Moreno et des intrigans du quartier royal!..... Le Prétendant, effrayé et à la veille de tomber au pouvoir des christinos, se retira également sur le même point, afin de s'appuyer sur la division Zaratiegui, qui, venant de Valladolid à son secours, facilita en effet son évasion : car les généraux Lorenzo et Espartero avaient déjà enveloppé le quartier royal. Enfin, le gros de l'expédition, en se réfugiant dans la *Sierra-de-Burgos*, effectua sa retraite vers les provinces, et laissa don Carlos abandonné et sans connaissance des mouvemens de son armée.

Assailli par toutes les craintes qui dans ces circonstances surprennent l'imagination d'une âme timorée, Carlos attendait le moment de tomber dans les mains de ses ennemis, qui le suivaient de près. Un rapport du général Lorenzo à Espartero, qui fut intercepté, fit connaître au Prétendant sa position critique, en lui apprenant que l'infant don Sébastien, avec tout l'état-major-général et presque la totalité de l'expédition, avait déjà repassé l'Ebre. C'est alors qu'il conçut la possibilité d'une trahison de la part de ses généraux, et en conséquence un sentiment de vengeance : c'est alors aussi qu'il aurait dû se convaincre que sa force motrice n'était pas dans la tourbe des vils courtisans, mais bien dans les chefs qu'il éloignait par sa conduite et son opiniâtre aveuglement.

Enfin, les circonstances permirent alors que l'ex-chanoine colonel Batanero fût près du Prétendant, qui, mettant à profit sa ruse et la connaissance qu'il avait du pays, sauva don Carlos en longeant un des flancs de la division Lorenzo, et trompa aussi la surveillance d'Espartero. Nous verrons bientôt quelle fut la conduite du Prétendant envers ceux qui le mirent hors de danger, et je donnerai le dernier coup de pinceau sur le tableau qui mettra en évidence sa haine pour tout ce qui a rapport à *l'esprit de progrès, de travail, d'affranchissement et de raisonnement.*

Arrivé à Alciniega, le Prétendant donna un manifeste conçu dans les termes les plus menaçans contre ses généraux, qui, d'après lui, auraient dû marcher sur Madrid. Erreur qui prouve son ignorance : car si la division Zaratiegui, après avoir battu celle du général Lorenzo, eût poursuivi sa retraite, les forces d'Espartero n'eussent rencontré aucun obstacle pour attaquer le quartier royal et se rendre maîtresses de la personne de don Carlos. Nonobstant cela, le Prétendant dut encore une fois son existence politique à la tolérance du général christino. J'ai des renseignemens et des preuves réelles, que je produirai en temps et lieu ; mais je reviens à son manifeste. Don Carlos déclarait qu'il rentrait dans les provinces basques pour châtier les traîtres, organiser son armée et revenir de nouveau dans sa fidèle Castille. Il destitua l'infant don Sébastien du commandement de l'armée, fit arrêter les généraux Zaratiegui et Elio, et en réunissant dans sa personne les attributions de généralissime de toutes les troupes, il nomma pour son chef d'état-major-général l'ignorant Guerguey. Ainsi, en séparant de l'armée tout l'état-major de l'infant don Sébastien, il est évident que ses soupçons de trahison retombaient sur son neveu, et que la majorité des hommes influens qui étaient en opposition avec son système devaient être sacrifiés à son obstination et à cette poignée de misérables qui l'entourent.

Il me semble avoir prouvé suffisamment que don Carlos n'a pas été violenté dans son système politique ; que la représentation des hommes qui forment son conseil est réprouvée par le bon sens de plusieurs chefs de son armée ; que son système est incompatible avec l'opinion publique et les besoins du siècle, et qu'enfin il pourrait même embarrasser les cabinets étrangers qui ont sympathisé avec sa cause.

Ces vérités étant ainsi démontrées et définies, nous passerons à l'examen rapide de la dissolution sociale qui menace la mauvaise distribution de la justice et du despotisme oriental, seule base du gouvernement de don Carlos dans le cercle de son autorité. Je dénoncerai à la publicité, avec des témoignages irrécusables, la vénalité de son pouvoir et la prévarication de son administration judiciaire, et je prouverai que l'homme sans sécurité personnelle se trouve sous la tutelle d'une police inquisitoriale et sans moyen de défense contre l'infâme délateur.

Le procès formé aux généraux Zaratiegui et Elio fut l'enfantement d'une monstrueuse délation, présentée au Prétendant par le père Huerta, moine dominicain. Ces généraux ont été dénoncés comme traîtres, et en voici les raisons :

Le général Zaratiegui avait pris Ségovie d'assaut ; mais n'ayant pas abusé de la victoire, il fut humain et modéré envers les vaincus. Il offrit des garanties aux libertés personnelles, et il est reconnu que, par sa conduite, il fit plus de prosélytes qu'avec ses armes. Le corps des cadets du collége de Ségovie fut traité avec les considérations dues à une jeunesse étrangère à nos dissentions politiques, et il leur fut accordé un sauf-conduit pour se retirer à Madrid. Les populations et les libéraux mêmes sympathisèrent avec un chef qui se présentait sous des auspices de tolérance et de fraternité, et qui ne portait pas l'étendard de son Roi, ensanglanté par d'affreux assassinats, mais bien avec l'emblême du salut et de la concorde. Les hommes de la *camarilla*, hommes de terreur et de sang, crièrent alors à la trahison, parce que leur système était en opposition avec la conduite de Zaratiegui; ils auraient voulu que Ségovie eût été noyée dans le sang de ses habitans, sans même épargner le corps des cadets, composé de jeunes gens à peine sortis de l'enfance!

L'oubli des formalités que nous observerons dans l'information de ce procès, les infractions du code militaire et enfin l'omission de tout ce qui pouvait faciliter aux prévenus les moyens de défense, mettront en évidence la mauvaise foi, l'immoralité et la perfidie du quartier royal, qui, ne respirant que des sentimens de vengeance contre tout ce qui mettait obstacle à son infernal système, désirait sacrifier ces généraux, accusés de vouloir une transaction.

La première nullité que nous rencontrons dans l'information du procès est d'avoir nommé pour secrétaire du *fiscal* Bivanco, le commissaire de police du quartier royal, M. Alvarez-Arias, sans catégorie militaire et sans aucune des qualités exigées par la loi, parce que son emploi civil était en opposition avec ses fonctions de secrétaire, dans un procès intenté contre des officiers-généraux.

La seconde nullité est que les témoins essentiels à la décharge des accusés ne furent pas entendus; l'infant don Sébastien, comme général en chef de l'expédition, devait figurer à la tête, soit comme compris dans l'accusation ou bien comme témoin : car les opérations militaires étaient sous son influence et sous sa direction. Cette omission est scandaleuse, criminelle et incompatible avec l'ordre judiciaire.

La troisième et la plus énorme nullité, relative à l'amplification légale du procès, était l'omission de la déclaration de Batanero, si nécessaire pour la justification des accusés. Il est essentiel de présenter ici l'explication de cette circonstance, parce que de cela on peut déduire la mauvaise foi du *fiscal*, secondée par la complicité et l'impulsion immédiate de don Carlos.

Sans vouloir me constituer le défenseur des généraux Zaratiegui et Elio, il est de mon devoir d'éclaircir la question de leur procès, pour que le lecteur, en suivant l'instruction dans toutes ses infractions et ses vénalités, puisse se former une idée exacte de l'arbitraire, de l'injustice et du despotisme du gouvernement du Prétendant.

L'ex-chanoine Batanero suivit en Castille le général Zaratiegui, et fut nommé commandant-général de la province de Ségovie et membre de la junte de Castille. Dépositaire des confidences du général, il était chargé de la partie administrative, des fournitures, et enfin de tout ce qui était nécessaire à l'entretien de la division. A son retour dans les provinces basques, Batanero, selon la dénonciation du père Huerta, se trouva en tête des témoins, et sa déclaration était de rigueur pour l'information du procès.

Le *fiscal* lui intima de faire une déposition de tout ce qu'il savait de relatif aux chefs d'accusation qui pesaient sur les généraux déjà mentionnés. Batanero déclara la vérité des faits d'après son honneur et sa conscience, et omit tout ce qui n'avait pas de rapport avec ses fonctions militaires ou civiles. Cette déposition, faite avec impartialité, mit en évidence la fourberie du délateur et la conduite du général, en ouvrant un vaste champ à la défense des accusés; par cela même, le *fiscal* la repoussa comme étant diffuse et sans précision, et intima à Batanero de faire une autre déclaration plus catégorique et plus en rapport avec ce qui lui avait été demandé.

Cet affreux système de former des procès, en attaquant les témoins dans la rectitude de leur conscience et de leur droit de déposition, était un présage fatal qui annonçait aux accusés une catastrophe, et l'intention qu'avait la *camarilla* de sacrifier ces hommes à ses haineuses passions. Enfin, malgré toutes les infractions que j'ai déjà observées et bien d'autres que je laisse à l'histoire, malgré que la déposition des témoins à décharge fût omise ou contrainte, le conseil de guerre s'assembla pour juger les accusés. L'opinion publique, qui juge presque toujours l'injustice des hommes, se prononça contre le conseil, voyant que la défense des accusés avait été réprimée, et que dans l'information du procès il existait des infractions les plus scandaleuses, conséquence de la mauvaise foi et de l'arbitraire le plus inouï. Les bataillons qui se trouvèrent à Estella se révoltèrent en masse contre les hommes qui menaçaient la vie de leurs généraux, et, en se portant à la demeure du Prétendant, ils demandèrent leur mise en liberté. Les membres du conseil, prévenus du danger qui les pressait (car la troupe courait pour les massacrer), se réfugièrent à Villaréal et Zumarraga, en Guipuzcoa. Don Carlos vint à Estella, et, par sa présence et de mensongères promesses, il calma cette insurrection, qui prouvait évidemment combien les hommes qui l'entouraient, ainsi que son système, étaient répudiés par l'opinion de l'armée et de la population. Le capitaine Urra, qui se mit à la tête de la rébellion, fut fusillé, et le brigadier Cabagnas et son domestique périrent victimes de vils assassins. Il pouvait en arriver ainsi à plusieurs chefs qui étaient disgraciés pour avoir émis une opinion contraire au système rétrograde de don Carlos. Belle récompense de leurs services et de leur fidélité au Prince qui, en retour, les a payés des vexations les plus indignes! Je citerai un exemple vivant qui, certes, ne révoquera pas en doute mon raisonnement.

L'ancien payeur d'armée, M. de Molina-Martel, se prononça en 1833 en faveur de la légitimité. Il sacrifia fortune et position sociale, et il émigra à Gibraltar, passa par l'Angleterre, la Hollande, la Belgique; il obtint enfin de rentrer dans les provinces basques pour y joindre le Prétendant. Ses opinions modérées et son caractère franc et indépendant le mirent en opposition avec le système absurde du quartier royal. Pour lors, ce chef fut soupçonné de libéralisme, disgracié et confiné dans la ville de Plasencia, où il a souffert le résultat d'une surveillance inquisitoriale, au mépris de tous ses services antérieurs. De sorte qu'à la révolte d'Estella, ayant été prévenu que sa vie était en danger, il se réfugia en France, où il déplore sa destinée et le malheur de s'être sacrifié pour la cause d'un prince stupide et ingrat, qui ne sait apprécier que les flatteurs et les vils courtisans!

La seconde période du procès contre Zaratiegui et Elio produira une monstruosité plus odieuse encore que les précédentes, puisqu'elle méconnaît la justice, la moralité et les lois même de l'amitié et de la gratitude : monstruosité qui représente don Carlos comme le prototype de la stupidité et de la malice, comme un frénétique qui frappe sans distinction tout ce qui l'entoure, et comme un tyran qui, dans l'exaltation de ses aveugles passions, veut détruire toute opposition à ses criminelles entreprises. C'est ainsi que furent disgraciés l'infant don Sébastien, les généraux Villareal, Simon Latorre, les Cabagnas, et tant d'autres chefs influens et de mérite, qui ont repoussé un système sanguinaire et rétrograde.

Cabrera, par ses terreurs dignes d'un capitaine du moyen-âge et par ses exploits, qui rappellent ce temps de barbarisme; Balmaseda, par ses massacres et ses incendies; le curé Merino, par son vandalisme, qui a fait sa réputation sans un seul trait de bravoure, et n'est bon qu'à dévaster un pays sans défense, à piller ceux qui ne peuvent opposer aucune résistance, ou à commettre des perfidies de ce genre; Moreno, par les antécédens de ses assassinats et de ses infâmes guets-apens; le sanguinaire comte d'Espagne, qui, en 1827 et 1828, faisait fusiller les carlistes, comme il ferait aujourd'hui les christinos. Ces hommes, réprouvés par l'opinion publique et couverts de l'exécration générale, sont enfin les colonnes favorites qui soutiennent l'édifice du Prétendant. Ceux qui n'adhèrent pas à leurs maximes, ceux qui, étant assez indépendans, ont émis une opinion analogue au progrès, sans se soumettre au parti fanatique et furibond, et qui ont toujours conservé l'intégrité de leur honneur et de leur conscience, ceux-là sont disgraciés et contraints de s'enfuir dans un pays étranger pour mendier le pain de l'hospitalité, lorsqu'ils pourraient vivre dans leur patrie, tranquilles, heureux et sous la protection de la loi! Oui, qu'on demande à ces hommes, victimes de l'aveuglement du Prétendant, où est son courage, sa persévérance, son esprit d'ordre, d'honnêteté et de justice! Que l'on me dise où sont ses qualités et tant d'autres vertus qui doivent être toujours les compagnes inséparables d'un Roi sage et bienfaisant! Il faut bien que l'esprit de parti ou l'influence d'un intérêt privé prédomine puissamment sur ceux qui, mettant en oubli l'évidence des faits, ont songé à voiler la nullité de don Carlos avec des sophismes si faciles à détruire.

Nous avons vu que le conseil de guerre, assemblé pour juger l'affaire de Zaratiegui et Elio, ne prononça pas à cause de l'insurrection d'Estella ; mais il ne renonça pas à son entreprise, et quoique les défenseurs des accusés, MM. Madrazo et Carlos-Vargas, fussent emprisonnés et mis au secret par ordre du Prétendant, le conseil se rassembla de nouveau, afin de prononcer son arrêt d'une manière définitive. Cette session d'officiers-généraux, réunis pour juger des hommes sans leurs défenseurs, et à qui on avait arraché tout moyen de justification, était le simulacre fidèle d'un tribunal de l'inquisition, lorsqu'il prononçait son arrêt sur des victimes innocentes ou sans les preuves des crimes qui leur étaient imputés. Eh! qui pourrait le croire! il est positif qu'on envoya comme membres du conseil de guerre et pour qu'ils gagnassent des voix pour condamner à mort les accusés, le général Uranga, créature et fidèle instrument des volontés du Prétendant, et le duc de Grenade, homme de la superstition la plus exaltée.

Ainsi, il en résulta que tous les membres du conseil de guerre ne furent pas animés du même sentiment de justice et détachés de ces passions haineuses qui, dans des circonstances pareilles, peuvent conduire à des actions ignobles et peu consciencieuses. Le conseil déclara à la majorité la non-culpabilité des accusés, et trois voix seulement les condamnèrent à la peine de mort! Qui peut croire que ces hommes, qui ont voté contre l'esprit du conseil et de la loi même, ne fussent pas sur la voie de la partialité et sous l'influence d'un sentiment haineux! Enfin, le texte du code militaire, relatif aux conseils de guerre pour les officiers-généraux, prescrit que : « S'il résulte de » l'arrêt du conseil une déclaration de non-culpabi- » lité, les accusés doivent être sur-le-champ mis en » liberté ; mais si, au contraire, il y a peine afflictive, » le conseil devra faire part au Roi du résultat avant » de faire mettre à exécution la sentence. » Zaratiégui et Elio furent déclarés non-coupables, et la loi a été impunément violée; car ils sont encore dans leur prison par ordre du Prétendant et au mépris de toute justice. Ah! si ma plume devait énumérer tous les abus commis sous la protection d'un Prince soi-disant juste et paternel, je finirais par convaincre que son pouvoir menace l'ordre de toute société bien organisée!

Ayant mis en évidence les causes qui détruisent toute apparence que l'Espagne se soumette spontanément à la puissance d'un prince ignorant et superstitieux, débrouillé ainsi le cahos où plusieurs faits étaient enfouis, et ayant présenté don Carlos et son quartier royal sous le point de vue le plus près de la vérité, je jetterai un coup d'œil rapide sur sa position vis-à-vis de la France, en démontrant que le gouvernement de don Carlos étant à Madrid, serait incompatible avec celui de la révolution de juillet. Ma plume ne sera pas très fertile sur cette matière; car je ne suis pas diplomate ni homme initié aux secrets de la haute politique. Ainsi, je m'appuierai seulement sur un raisonnement purement logique, en suivant l'origine du gouvernement français, et d'après ce que je vois et conçois selon la marche et l'ordre naturel des choses.

Ceux qui prétendent que don Carlos, une fois sur le trône d'Espagne, offrirait plus de garanties à la France que le gouvernement constitutionnel, ont-ils consulté, par hasard, l'organisation sociale de l'Europe, les tendances des potentats du nord, et enfin le levier qui soutient sur le trône de France Philippe d'Orléans? Prétend-on que le roi des Français, souverain par l'effet d'une révolution populaire, soit l'interprète des principes libéraux ou bien l'agent d'un système rétrograde, ennemi de la civilisation et de sa propre existence? En admettant la première hypothèse comme la seule naturelle et probable, car la seconde est douteuse, je soutiens que don Carlos n'est pas compatible avec la France, et que la quadruple alliance a été l'enfantement de ce principe, par la conviction qu'ont la France et l'Angleterre que Charles V en Espagne et Miguel Ier en Portugal détruiraient l'équilibre de la balance européenne, en donnant aux despotes du nord les moyens d'accomplir la croisade contre la liberté de la Péninsule. Je ne doute pas que don Carlos et don Miguel ne pussent rien faire par eux-mêmes contre la dynastie d'Orléans; mais que la France eût une guerre continentale ou bien une agression à repousser pour défendre ses droits et son indépendance, et alors nous verrions si les prétendans d'Espagne et du Portugal seraient les alliés sincères de la révolution de juillet ou des hordes moscowites. Enfin le protégé de Nicolas, qui, dans ce moment de boutade, tient des propos peu favorables à la famille d'Orléans, et celui qui est considéré par les partisans *d'une vieille dynastie comme le Messie d'un jeune prince* ne peut être jamais l'allié naturel du gouvernement de juillet ni de ses institutions.

Cette conséquence naturelle des causes et des faits aurait dû mettre le gouvernement français dans le cas de suivre consciencieusement le principe de la quadruple alliance, principe de conservation qui, en mettant d'accord la politique des quatre nations et faisant fraterniser les peuples, aurait dû étouffer tout élément de réaction et de guerre civile : principe de grand intérêt pour la France, parce que ses intérêts exigeraient impérieusement que la guerre civile d'Espagne fût déjà finie, et intérêt de sécurité et de repos, car le triomphe du despotisme et la permanence de tant d'agitations, dont le foyer est si près de la France, sont de nature à compromettre sa paix et son avenir.

Le gouvernement français ayant intervenu efficacement en faveur des constitutionnels d'Espagne, et ayant appuyé leur mouvement, il aurait dû avoir une influence morale et matérielle : car les libéraux se seraient montrés reconnaissans pour avoir protégé leur cause ; mais dans le cas contraire, ils n'auraient pu se soustraire à l'ascendant d'une puissance qui les aurait sauvés du naufrage et de l'anarchie. Cette intervention franche et directe aurait non-seulement satisfait aux intérêts matériels de la France, mais aussi à ceux de la moralité, de l'honneur et de la justice, parce qu'en 1823 la France envahit l'Espagne sous les mêmes prétextes, quoique avec des principes différens; et aujourd'hui il aurait été question de réparer les maux que causa à l'Espagne l'agression inouïe du gouvernement de Louis XVIII, et de soutenir un mouvement de progrès en harmonie avec les idées de la France, mettant un terme à tant de brigandages effrénés et à tant d'horribles représailles qui affligent tous les partis, et que prolonge la perfidie d'une politique sans action et sans patriotisme.

Mais qui peut douter que la France, ayant tant d'intérêt à coopérer à l'affranchissement de l'Espagne, ne soit pas réprimée dans son élan en faveur de notre cause? Comment, un gouvernement étant lié de corps et d'âme avec des institutions qui lui ont donné son existence, peut-il se borner à l'observation d'un système inerte? Il est possible que les puissances du nord, voulant le triomphe de leur principe, représenté si fidèlement par la personne de don Carlos, aient mis des obstacles à ce que la France intervienne ostensiblement pour que la paix et la liberté s'établissent en Espagne, en éloignant la représentation du Prétendant; il est possible encore que la même politique qui a compromis et ruiné la nationalité de l'héroïque Pologne soit aussi la cause qui livre l'Espagne aux fureurs de la discorde et la retient dans un cahos d'afflictions et d'anarchie. Mais les Espagnols marcheront-ils toujours en aveugles, conduits par la trahison ou l'égoïsme? Les maux qu'endure l'Espagne se prolongeront-ils au détriment de la justice, de l'humanité et de la civilisation? Quand est-ce que les horreurs qui se commettent dans son sein et les monstres qui se nourrissent de son sang cesseront d'épouvanter la raison humaine? O Espagne! à peine si ma plume peut décrire tes angoisses, lorsque je te vois sacrifiée aux passions criminelles de quelques hommes immoraux et aux prétentiens opiniâtres du brutal fanatisme! Relève-toi enfin de ta léthargie, décrépite Hespérie, et en ranimant tes membres engourdis, prouve au monde qui te contemple dans l'inaction, qu'il existe encore dans ton cœur un germe d'honneur, de force, d'instinct de liberté, et qu'en vain le pouvoir qui trafique de ton sang voudrait te retenir de nouveau dans l'esclavage. Oui, les enfans de l'Ibérie repousseront ce pouvoir sanguinaire, emblême de l'intolérance et de la superstition, qui méconnaît tous les droits de la société. La religion même n'a pas assez d'empire pour arrêter le torrent de ses erreurs, et son bras de fer s'appesantit sans pitié sur tout ce qui peut entraver sa marche, en écrasant les hommes qui, imbus des principes d'équité et de justice, se sont opposés à sa tyrannie.

Guerre à outrance a été déclarée aux idées de progrès et à tout ce qui peut séparer la nation espagnole du despotisme du Prétendant! Interrogez les victimes, frappez sur la tombe de Zumala-Carregui, sacrifié à l'ignorance et au cruel fanatisme; mais s'il n'est pas permis de troubler le silence du tombeau, si toutes les victimes qui ont déjà péri ne peuvent pas me servir de témoignage, les exemples vivans seront mes interprètes pour vous dire que dans l'opinion du Prince tout est crime, excepté l'abjection et l'esclavage. Les impressions de la nature même, cet amour irrésistible que nous sentons pour le beau sexe, sentiment gravé par l'Éternel dans le cœur de l'homme, est un motif de ruine pour celui qui cède à son empire. Quelle ignorance de vouloir suivre un principe sans prestige et qui n'est partagé que par les hordes d'une populace frénétique et dépravée, torrent bourbeux qui marque son passage avec des traces de dévastation et de misère! Entreprise incroyable, qui surprend l'imagination de l'homme sensé!.... Criminelles tentatives de vouloir conduire la génération du dix-neuvième siècle par les sentiers ténébreux de la superstition et de l'ignorance suivis par nos ancêtres......

O enfans de l'Ibérie! pleurez la mort de vos frères sacrifiés, non pas pour la gloire et la prospérité de votre patrie, mais bien victimes des passions ambitieuses de quelques ingrats, qui, foulant aux pieds l'humanité et tous les droits sociaux, l'ont affligée, les uns au nom de la religion, et les autres sous le prétexte de la justice et de la liberté!..... Oui, pleurez, et ne prônez plus les gloires de votre ancienne Hespérie, lorsque, forte et prépondérante, elle communiquait aux deux mondes les rayons de sa splendeur! Gémissez avec moi, et n'attendez pas d'améliorer votre destinée dans la cour corrompue de *Cléopâtre*, ni sous le sceptre de fer de l'hypocrite *Néron!!!*

Mais s'il est permis à la voix d'un mortel d'arriver jusqu'à ton trône, ô Éternel! daigne réduire au néant les entreprises d'un prince superstitieux, avant que sa tyrannie puisse s'appesantir sur les enfans infortunés de Pelage; daigne lancer ton anathème sur les impies qui prétendent usurper à notre pensée les droits sacrés de la nature. Tels sont les furieux fanatiques, les ignorans, les oisifs, les lâches, les égoïstes, et ceux qui, étant à la tête des royaumes ou des républiques, se plongent dans la tyrannie, sans s'apercevoir combien, en embrassant ce parti, il leur en coûte de renommée, de gloire, d'honneur, de sécurité, de paix et de repos d'esprit, et à combien d'infamies, de reproches, de périls et d'inquiétudes ils se vouent pour satisfaire leurs passions d'oppression et de despotisme.

FIN.

www.ingramcontent.com/pod-product-compliance
Ingram Content Group UK Ltd.
Pitfield, Milton Keynes, MK11 3LW, UK
UKHW012246240726
13966UKWH00004B/1328